Moriarty the Patriot

19

Basiert auf den Werken von
Sir Arthur Conan Doyle

Story von
Ryosuke Takeuchi

Zeichnungen von
Hikaru Miyoshi

William James Moriarty

Bei Adel und Volk verhasst, führte William seinen letzten Plan aus, um durch seinen eigenen Tod die Gesellschaft zum Besseren zu bekehren. Er galt nach seinem Sturz in die Themse als vermisst, doch seit Sherlocks Rückkehr steht fest, dass er lebt.

{Handlung}

Die Vereinigten Staaten von Amerika haben Sherlock gebeten, die Stadt Vermissa vor dem heimtückischen Immobilienhai McGinty zu retten, der für den Untergang von Billys Heimatstadt und den Tod seines besten Freundes verantwortlich ist. Gemeinsam mit Billy, der auf Rache sinnt, macht sich Sherlock auf den Weg in die Kleinstadt. Währenddessen begegnet William in Manhattan einem kleinen Mädchen, das ihm neuen Lebensmut schenkt.
In Vermissa angelangt bereitet sich Sherlock gemeinsam mit den Bewohnern und einigen angeheuerten Leibwächtern auf die Verteidigung der Stadt vor. William erfährt durch ein Telegramm, das Sherlock vor seiner Abreise nicht mehr erreicht hat, dass McGinty weitaus mehr Männer befehligt als angenommen und Sherlock auf eine Katastrophe zusteuert. Was wird er unternehmen?!

Charaktere

Albert James Moriarty

Seine ursprüngliche Forderung an den jungen William bildete den Grundstein des Moriarty-Plans. Er wählt aus freien Stücken die Inhaftierung im Tower of London, um sich seiner Schuld zu stellen.

Louis James Moriarty

Tritt nach Williams vermeintlichem Tod als neuer Leiter des MI6 in die Fußstapfen seines großen Bruders Albert. Aus dem Wunsch heraus, Buße zu tun, verschreibt er sein Leben vollends dem Britischen Königreich.

Oberst Sebastian Moran

Hervorragender Schütze und Williams treuer Ergebener. Tauchte nach dem Verlust Williams unter und übte Selbstjustiz an Landesverrätern.

Fred Porlock

Arbeitet unter Louis als Agent beim MI6. Meister der Verkleidung und Spionage, der ein brüderliches Verhältnis mit Moran pflegt.

Miss Moneypenny

War Moran ursprünglich bei seiner Mission behilflich, den Afghanistankrieg zu beenden. Ist nach wie vor beim MI6 aktiv.

Von Herder

Blinder Meisteringenieur aus Deutschland. Unterstützt mit seinen genialen Erfindungen den neu aufgestellten MI6.

James Bond

Irene Adlers neue Identität. Ist auch nach der Umstrukturierung noch für den MI6 tätig.

Jack Reinfield

Ehemals als Jack The Ripper gefürchteter Nahkampfsoldat. Bringt William und seinen Brüdern bei, wie man sich als Gentleman benimmt und wie man mordet.

Zack Paterson

Leiter der Kriminalabteilung der Londoner Polizeibehörde. Spielt als Maulwurf Louis und seinem Team in die Hände.

Sherlock Holmes

Stürzte in die Themse und galt als vermisst. Kehrte drei Jahre später auf Williams Geheiß nach London zurück.

INHALT

#73
Das Tal der Angst,
Akt 7

MORIARTY
THE PATRIOT

LOS GEHT'S!
LASS NIEMAN-DEN AM LEBEN!

LOS, MÄNNER! ANGRIIIIIIFF!!!
DAMM DAMM
HAAAAAAH!!!
GODOPP GODOPP GODOPP
GODOPP GODOPP
GODOPP GODOPP
GODOPP GODOPP
KRTT

GODOPP GODOPP
WAS ZUR HÖLLE?!
EIN EINZELNES WEIB?!
EGAL! TRAMPELT SIE NIEDER!!
DA
MMM

DZMPP
!!
SKRASCH
VER-
DAMMTE
HEXE!!
GERADEAUS!!
MACHEN WIR
SIE PLATT!!
GODOPP GODOPP

WOOOOM
WOOOOM

LASST MICH EUCH UNSEREN PLAN ERKLÄREN, SCHRITT FÜR SCHRITT ...
ZUNÄCHST MACHEN WIR SIE AUF UNS AUFMERKSAM UND FÜHREN IHRE GESAMTE TRUPPE ZUM HAUPTTOR.
WIR SPRENGEN DIE DORT PLATZIERTEN MINEN UND BREMSEN SIE DIREKT AUS.
WIR HÄUFEN ÜBERALL AUF DEN STRASSEN KLEINE HÜGEL AUF, DAMIT ES SO AUSSIEHT, ALS HÄTTEN WIR NOCH MEHR MINEN PLATZIERT ...
DADURCH WERDEN SIE DAS HAUPTTOR ERST EINMAL MEIDEN.
HEY, SEHT MAL!
SHIT!

DIE HABEN NOCH MEHR SPRENGSTOFF VERSTREUT!
REITET DRUM HERUM!
NUN, DA DAS HAUPTTOR KEINE OPTION MEHR IST...
... WERDEN SIE SICH AUFTEILEN UND VERSUCHEN, ÜBER DIE SEITENSTRAS-SEN IN DIE STADT EINZUFALLEN.
DOCH AUCH DARAUF SIND WIR VORBE-REITET...
KRACK
HUOH!!

KRAAACH
WOMPP
HIER GEHT'S NICHT WEITER!
VER-SUCHT EINE ANDERE STRASSE!
GODOPP
GODOPP
WAFFEN RUNTER UND FLOSSEN HOCH!!

WAS DIE SCOWRERS ANGEHT, DIE DURCH DIE STRASSEN OHNE FALL-GRUBEN KOMMEN...
GODOPP
GODOPP
DIE SCHWIERIGSTEN ZIELE FÜR UNGEÜBTE SCHÜTZEN SIND SOLCHE, DIE SICH NACH LINKS UND RECHTS BEWEGEN.
ZIELE JEDOCH, DIE GERADEWEGS AUF EINEN ZU-KOMMEN...
...WERDEN IMMER GRÖSSER...
...UND SIND LEICHTER ZU TREF-FEN!

FWHAMM
NACHDEM WIR GENÜGEND ANGREIFER ANGE-LOCKT HABEN...
ES GIBT KEINEN GRUND FÜR HEKTIK.
... FEUERN WIR EINE SALVE AUF SIE AB!
DADAMM
DADAMM

KRA KRA
KRACK
DADAMM
WEITER SO!!
RUHE BEWAHREN UND GUT ZIELEN!!
DARAUFHIN...
SSST
... HEISSEN WIR SIE WILLKOMMEN!
UND WENN SIE BEI DEN UMLIEGENDEN GEBÄUDEN DECKUNG SUCHEN...
... WERDEN DIE RESTLICHEN ANGREIFER VON IHREN PFERDEN ABSTEIGEN, UM SICH AUS DER SCHUSSLINIE ZU RETTEN.

SKRA
SCH
?!
ZODOMM
UWAAAAH!!
WO
CK

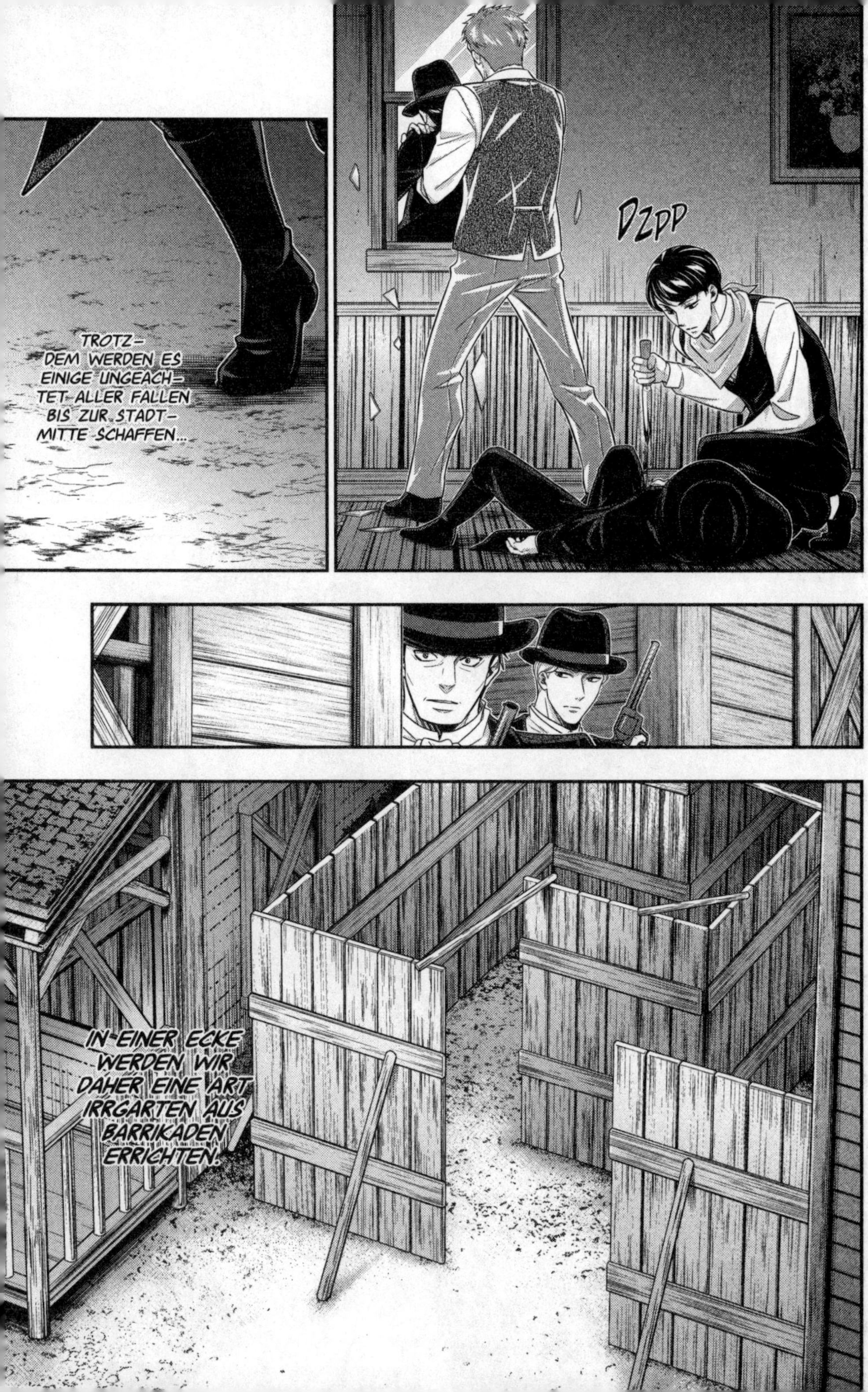
DZPP
TROTZDEM WERDEN ES EINIGE UNGEACHTET ALLER FALLEN BIS ZUR STADTMITTE SCHAFFEN...
IN EINER ECKE WERDEN WIR DAHER EINE ART IRRGARTEN AUS BARRIKADEN ERRICHTEN.

WIR LOCKEN SIE HINEIN UND DANN...
TATAPP
FEIX
DAS WEIB UND DIE KLEINE GEHÖREN MIR!
SWUSCH
IHR KÖNNT UNS NICHT AUF-HALTEN!

DAMM
DAS WAR EIN SCHUSS...
UND AB DA HEISST ES...
BÜHNE FREI FÜR BILLY!

ERWARTUNGS-GEMÄSS BEGINNT DIE SCHLACHT, SOBALD MAN DEN FEIND GESICHTET HAT.
AUF OFFENEM SCHLACHTFELD LÄSST SICH DER FEIND MÜHELOS ORTEN.
IN EINEM IRRGARTEN MUSS MAN JEDOCH ZUNÄCHST EINMAL SEINEN GEGNER AUSFINDIG MA-CHEN.
JE KÜRZER DIE ZEIT ZWISCHEN SICHTUNG UND ERS-TEM SCHUSS, DESTO GRÖSSER IST UNSER VORTEIL.
ANDERS FORMULIERT...

DAMM
... IST DIES DAS PERFEKTE SCHLACHTFELD FÜR BILLY, DEN MEISTER IM SCHNELL-SCHIESSEN!

WIR WERDEN RUND UM DIE STADT SCHÜTZENGRÄBEN ZIEHEN.

DOCH DAS IST NOCH NICHT ALLES...
UND WAS JETZT KOMMT, IST AM LÄSTIGSTEN...

EINIGE NIEDERGE-SCHLAGENE ANGREIFER WERDEN IHRE CHANCE WITTERN UND VERSU-CHEN, ÜBER DIE GRÄBEN EINEN ZANGENANGRIFF DURCHZUFÜHREN.
DURCH DIE GRÄBEN LEITEN WIR SIE HINTER DIE STADT.
SEHE ICH RECHT?
NICHT EINE MUTTERSEE-LE WEIT UND BREIT. WOZU HABEN DIE ÜBERHAUPT DIE GRÄBEN AUS-GEHOBEN?
Ha ha ha!
DIE HABEN SICH IHR EI-GENES GRAB GESCHAUFELT! WIE DUMM KANN MAN SEIN?!
...

DEN KAMPF IN DEN GRÄBEN...
... ÜBERNEHME ICH!

DIE ANGREI-
FER WERDEN
EINE GERADE
SCHUSSLINIE
HABEN...
SWUSCH
WACK
DA
MM

ABER SOLANGE ICH ZU IHNEN AUFSCHLIESSEN KANN, STELLT DAS KEIN PRO-BLEM DAR!
WOZOOMPP

IN SO EINEM ENGEN GRABEN...
WACK
... SIND DIE ANGREIFER GEZWUN-GEN, EINER NACH DEM ANDEREN ZU KÄMPFEN...

GLEICHZEITIG STELLEN DIE GRÄBEN EINE SICHERE FLUCHT-ROUTE DAR, ÜBER DIE WIR UNS UNGESEHEN BEWEGEN KÖNNEN.
JEDENFALLS KÄMPFEN WIR NUR DA, WO ES FÜR UNS VORTEILHAFT IST...
SO MINI-MIEREN WIR SCHRITTWEISE IHRE ZAHL.
KRA
KRA
KRACK
UND WENN WIR SIE UM DIE HÄLFTE ELIMINIERT HABEN, KÖNNEN WIR DEN REST DANK UNSERER GÜNSTIGEN LAGE SCHLAGEN!
WOMM
PAMM
PAMM

TSK!
GODOPP
GODOPP
...
W...WIR HABEN'S GESCHAFFT!!
SWUSCH
WAS IST LOS?!

SIE REITEN AUS DER STADT!!
GODOPP
GODOPP
GODOPP
MIST...
DAS IST VIEL ZU FRÜH!
KNARZ
WAR UNSER VORTEIL ZU GROSS?
DANN HIESSE DAS...

JE MEHR WIR DAS LEBEN DER STADTBEWOHNER PRIORISIEREN UND UNSERE VERTEI-DIGUNG VERSTÄR-KEN...
... DESTO SCHNELLER BEGREIFEN SIE, DASS DIE CHANCEN SCHLECHT FÜR SIE STEHEN...
BTB
ABER WIR DÜRFEN NICHT UNSEREN PLAN ÄNDERN UND UNNÖTIG LEBEN RISKIEREN.
WIR WUSSTEN VON ANFANG AN, DASS WIR NUR SO VIEL LEISTEN KÖNNEN.
...

EINE WEISSE FAHNE?
KLANK
Z!

ER IST UNBE-WAFFNET!
UND ER KOMMT AUF UNS ZU!
SIR!
DAS IST GAR NICHT GUT!
ER WILL RAUSFINDEN, OB WIR NUR BLUFFEN...
DIESEM RÄUDIGEN MCGINTY IST WIRKLICH JE-DES MITTEL RECHT.
ICH KNALL IHN AB, BE-VOR ER DAS TOR ER-REICHT!
NEIN!
WIR SCHIESSEN AUF NIEMANDEN, DER SICH ERGIBT!
AUSSER-DEM...
... WÜRDEN WIR DADURCH PREISGEBEN, DASS WIR EINEN FÄHIGEN SCHÜT-ZEN IN UNSEREN REIHEN HABEN.

ICH WILL NICHT, DASS MAN UNS IN DIE KARTEN SCHAUT, SOLANGE ES NICHT WIRKLICH NOT-WENDIG IST.
SCHÖN UND GUT, ABER DIE ZEIT DRÄNGT!
NOCH EIN PAAR SCHRITTE, DANN IST KLAR, DASS WIR KEI-NE WEITEREN MINEN VER-BUDDELT HABEN!
KRTT
ES WAR NUR EINE FRAGE DER ZEIT, BIS DAS AUFFLIEGT.
UNSERE STRATEGIE SAH VOR, MIT ALL UNSEREM SPRENG-STOFF VOR DEM TOR EIN PRÄCHTIGES FEUER-WERK ZU VERAN-STALTEN.
WIR WOLLTEN SIE GLAUBEN MACHEN, DASS SIE EIN MINENFELD ER-WARTET…
EINZIG UND ALLEIN MIT DER ABSICHT, EINEN ANGRIFF ÜBER DAS HAUPTTOR ABZUWENDEN.

SO MUSSTEN WIR NICHT ZU VIELE LEUTE FÜR DIE BEWACHUNG DIESER RIESIGEN EINFALLSCHNEISE ABSTELLEN...
... KONNTEN DEN FEIND AUF-TEILEN UND IHN ERFOLGREICH IN DIE FALLE LOCKEN. DAS HAT UNS IM KAMPF DIE OBERHAND VERSCHAFFT.
SELBST WENN WIR DIESEN MANN ERSCHIESSEN, WIRD DAS NUR MCGINTYS VERMUTUNG BEKRÄFTI-GEN, DASS DORT KEINE MINEN MEHR SIND.
KRTT
KRTT
EIN EINZELNER MANN WÄRE KEIN PROBLEM, ABER WENN DARAUFHIN EIN GANZER TRUPP ZUR VORDERTÜR HEREINSTÜRMT, WIRD ES SELBST FÜR EINEN GEÜBTEN SCHARF-SCHÜTZEN SCHWIERIG...
UNSER ASS IM ÄRMEL NÜTZT UNS AM MEISTEN, SOLANGE NIEMAND DAVON WEISS.
S... STIMMT...
SIE HABEN VORAUSGE-DACHT, SIR.
DAVON AB-GESEHEN...
MINEN HIN ODER HER, SOBALD DIE ARME SEELE DORT UNTEN STIRBT, HAT SICH DIE SACHE FÜR UNSEREN GEGNER GEKLÄRT.

NUR WER EINEN DRECK AUF DAS LEBEN ANDERER GIBT, IST ZU SOLCHEN KOMMANDOS IMSTANDE.
ZOPP
DER FEIND WIRD ZUM HAUPTTOR VORSTOS-SEN UND VON DORT AUS AN-GREIFEN!!
ALLE MANN AUF DIE ZU-GETEILTEN POSTEN!!
ALSO DANN...

DER FEIND WIRD VERSUCHEN, UNSERE POSTEN DER REIHE NACH AUSZUSCHALTEN!
SOBALD IHR IN DER UNTERZAHL SEID, HAUT IHR AB!
GODOPP GODOPP
STELLT EUER LEBEN ÜBER ALLES ANDERE!!
VERSTANDEN?!
JAWOHL!!
FANGT MIT DEM LADEN AN DER ECKE AN!!
LOS! LOS!
GODOPP GODOPP
PAMM PAMM
PAMM PAMM PAMM PAMM
WOOOM

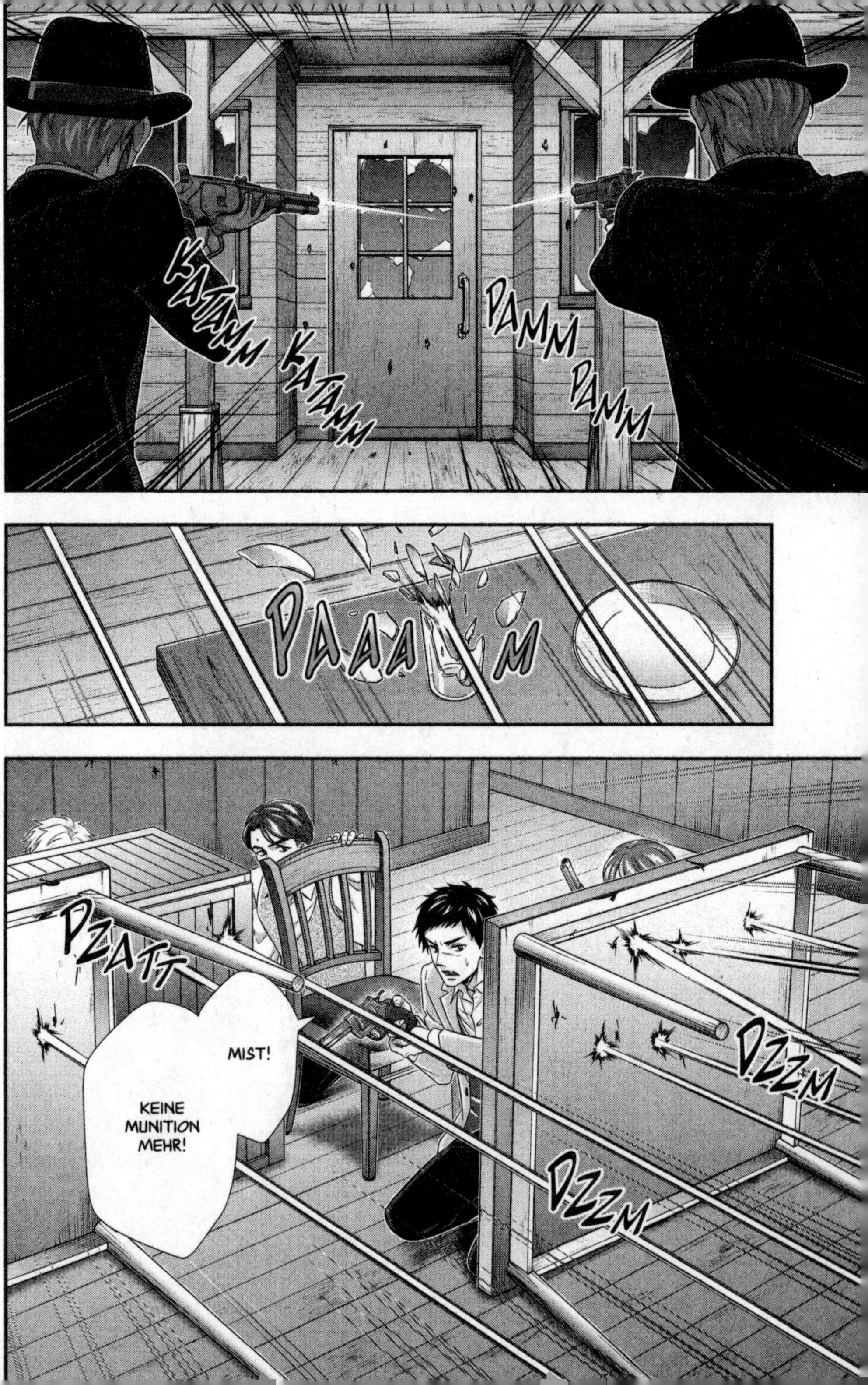
PAMM PAMM
KATAMM KATAMM
PAAAM
DZZM
DZZM
PZATT
MIST!
KEINE MUNITION MEHR!

DATAMM
VERSCHWINDET VON HIER! ALLE!!
?!
ICH HALTE SIE AUF!
FOLGT DEN SCHÜTZENGRÄBEN ZUM LETZTEN STÜTZPUNKT!
DZMM
O...OKAY!!
PAMM
PAMM
PAMM
PAMM

KLACK
KLACK
GODOPP
GODOPP
SWOSCH
KLIRR

KRACK
KRACK
KRACK
KRACK
HAHA!
KÖNNTE WIRKLICH BESSER LAUFEN...
DOMM
FWOSCH
!!
BILLY!!

PAMM
PAMM
WAS MACHST DU HIER?!
MEIN POSTEN WURDE ÜBER-RANNT!
WENN DER LADEN HIER DURCH IST, BLEIBT NUR NOCH DER SALON ALS LETZTE BASTION...
UND AUCH DER IST SCHON SO GUT WIE UMZINGELT!
ICH GEB DIR RÜCKEN-DECKUNG...
ALSO VER-SCHWINDE VON HIER!

RED KEINEN UNSINN!
WENN ICH DAS WEITE SUCHE, BIST DU GELIE-FERT!!
MUSS ICH'S DIR NOCH BUCHSTABIEREN, MISTER?
WENN ES WENIGSTENS EINER VON UNS LEBEND HIER RAUSSCHAFFT...
... IST DAS IMMER NOCH BESSER, ALS WENN WIR BEIDE KREPIEREN!
...
WENIGS-TENS...

WENIGSTENS DU MUSST ZURÜCK ZU WILLIAM, MR PFERDE-SCHWANZ.
DU IDIOT!!!
WEHE, DU GIBST JETZT AUF!!
WIR KÄMPFEN ZUSAMMEN BIS ZUM ENDE, UND DANN KEHREN WIR ZUSAMMEN HEIM! UND ZWAR LEBENDIG!!

...
SCHÖN WÄR'S...
GRPP
ABER DEINE IDEALE BRINGEN DICH JETZT AUCH NICHT WEITER.
ZEIT, DER REALITÄT INS AUGE ZU BLICKEN, MISTER!
DAS LASSE ICH NICHT ZU...
DA SCHICKE ICH DICH LIEBER SCHLAFEN, IN DER HOFFNUNG, DASS...

WHIIIIE
GODOPP
GODOPP
?!

MORIARTY
THE PATRIOT

DAMM DAMM
SALOON
RA TA TA TA TA TAMM
#74 Das Tal der Angst, Akt 8
JUNGS, HOLT DIE FACKELN!!
WIR BRENNEN DAS GEBÄUDE NIEDER!!
KRACK
KRACK
KRACK
WIR HALTEN NICHT MEHR LANGE DURCH!
BEEILT EUCH, GENTLEMEN!
KH...

WHIIIIE
GODOPP
GODOPP

WHAMM
WAS ZUM...?
HE! STEHEN BLEI...
DZOPP
GODOPP
GODOPP

!!
TMPP

TATAPP
ICH BITTE EUCH UM EINEN GEFALLEN.
WÜRDET IHR AUFHÖREN ZU KÄMPFEN...
... UND AUS DIESER STADT VERSCHWINDEN?!

PAH...
TAUCHT DER HIER EINFACH SO AUF UND SAGT, WIR SOLLEN UNS VERDRÜCKEN!
DER HAT DOCH NICHT MEHR ALLE TASSEN IM SCHRANK!
SCHNELL, BRINGT IHM EINEN SEE-LENKLEMPNER!
HA HA HA!
HA HA HA HA!
ICH MÖCHTE, DASS IHR DIE WAFFEN NIEDER-LEGT...
... UND EUCH ZURÜCK-ZIEHT.

KRTT
WATSCH
BIST DU JETZT WACH, BÜRSCHCHEN?
Ha ha ha!
DANN GEH WIEDER ZURÜCK ZU MUTTI!
ICH WARNE EUCH...
... EIN LETZTES MAL...
PAH!
WENN DU NICHT SOFORT MIT DEINEM ARROGANTEN GEFA-SEL AUFHÖRST...
KLACK
... VERSENKE ICH EINE BLEIKU-GEL IN DEINEM SCHÄDEL!

WUOMM
PÄÄÄM
WA...?

LOS, MÄNNER!
ER-SCHIESST IHN!!
U... UNMÖG-LICH...

FWOSCH

DO DODOMM

D...DAS KOMMT VOM SALOON!
Aaaaah!
DIE BRAUCHEN VERSTÄRKUNG!
...
ES FALLEN KEINE SCHÜSSE MEHR.

DU BIST TATSÄCHLICH GEKOMMEN...
WAR JA KLAR...
SO STARK IST WILLY?!
BÄM

LIAM HAT DEN FEIND EINGE- SCHÜCHTERT!
DAS IST UNSERE CHANCE, BILLY!!

WEITER MIT PLAN C!!
DFIII DFIIII
DAS WAR DAS SIGNAL...
WIR BLOCKIEREN ALLE STRASSEN RUND UM DEN SALOON!!
SHAW, BRING DU DIE RESTLICHEN KINDER HIER WEG!!
GEHT KLAR!
SWUSCH
BEEILUNG!!!

SKRAAASCH
WIR SETZEN SIE IN DIESEM STADTTEIL FEST!!
WIE RATTEN IN DER FALLE!!
WOOOOOOM
DAS BLATT HAT SICH GE- WENDET!
JETZT MACHEN WIR KURZEN PROZESS MIT IHNEN!!
DAMMM
YEAH!!
DAMMM

UGH...
V...VER-DAMMT...
GHH
SWUSCH
FWACK
SHERLY...

ICH HALTE DIR DEN RÜCKEN FREI!
DOMPP
HMF...
WIE AUF-MERKSAM VON DIR, DANKE!
WIESO BIST DU GEKOM-MEN?
WEIL IHR ZAHLENMÄSSIG UNTERLEGEN SEID.
DAS STAND IN EI-NEM WEITEREN TELEGRAMM AN DICH.
OH, BESTEN DANK!!
KRACK
WOMM
DAMM DAMM

LORD MCGINTY!
WIR SIND ENDLICH SO WEIT...
DIE GESCHÜTZE SIND IN STELLUNG!
WURDE AUCH ZEIT!

UAAAH!!
SWUSCH
DAS WAR STARK!
DANKE, MISTER!
PATT
PATT
FSCHHHH
...
IN DE-
CKUNG!!!
SWUSCH

KAWOO OM
WAS WAR DAS?!
!!
DIE HABEN...
... PARROTT-GESCHÜTZE!!!

MISTER...
ALLES OKAY?!
JA, ALLES GUT!
HETZ
FOLGT SHAW UND BRINGT EUCH IN SICHERHEIT!
NEIN! ICH KÄMPFE MIT!
NICHTS DA! DAS IST VIEL ZU GEFÄHRLICH!
ICH KONTROLLIERE KURZ DIE SEITENGASSEN, DANN KOMME ICH NACH...
LOS, BEEILT EUCH!

WOMM
WOMM
KABUM
WUOOOOM

WAAAAH
DODOMM
AAAH
DIE KNALLEN SOGAR WEL-CHE VON DEN SCOWRERS AB…
BTB
MIESES SCHWEIN! DEM IST ES SOGAR EGAL, WENN ER SEINE EIGENEN MÄNNER ÜBER DEN HAUFEN SCHIESST…
EINE KANONADE AUF DIE DISTANZ IST VERDAMMT KNIFFLIG.
WENN WIR UNS DEN KANO-NEN NÄHERN, BE-MERKEN SIE UNS SOFORT AUF DER FREIEN EBENE.
DAS MUSS IHR LETZTES ASS IM ÄR-MEL SEIN!
SO PLAN-LOS WIE DIE DRAUFLOSBALLERN, WERDEN SIE SICH NICHT MEHR ANDERS ZU HELFEN WISSEN…
WENN WIR IHRE KANONEN AUSSCHALTEN, HABEN WIR SIE BEI DEN EIERN!

ZEIT, DASS AUCH WIR UNSER ASS AUSSPIELEN!
FWOPP
SCHAFFST DU DAS AUF DIE DISTANZ?
DEN BEINAMEN GOODNIGHT TRAGE ICH NICHT UM-SONST.
GIB MIR RÜCKEN-DECKUNG BIS ZU DEM GLOCKEN-TURM DORT!
VER-LASS DICH DRAUF!
KNARZ

EINS...
ZWEI...
DREI...
INSGESAMT VIER KANONEN!
GUT! DANN MAL LOS!
DU PACKST DAS, GOODNIGHT!!
ZOPP

DOMM
ZING
...
WAS WAR DAS?
EIN QUER-
SCHLÄGER?

KAWOOOM
?!
EINS.

EIN SCHARF-SCHÜTZE?!
UNMÖG-LICH!
HIER KANN ER SICH NIRGENDWO VER-STECKEN UND AUS DER STADT WÄRE DIE DISTANZ VIEL ZU GROSS!
DIE MÜSSEN DIE KANONE FALSCH BELADEN HABEN UND DANN IST SIE HOCHGE...
ZING
SSST
KAWOOOOM
ZWEI.
FWOO
OOOH
WAS ZUM HENKER...?!
DAS KANN NUR EINES BE-DEUTEN...

DIE KANONEN AUF DEM HÜGEL SIND VERNICHTET!
HIER MUSS IRGENDWO EIN HECKEN-SCHÜTZE SEIN...
FINDET IHN UND SCHALTET IHN AUS!!
AUSSER UNS STEHT IN DER STADT NIEMAND MEHR. WIR MÜSSEN ES TUN!
ABER DER KÖNNTE ÜBERALL SEIN!
NEIN...
ES GIBT NICHT VIELE ORTE VON DENEN MAN AUF DIE DIS-TANZ TREFFEN KÖNNTE.

TATAPP
ZOTSCH
FWOPP
DAMM
DAMM
DU BASTARD!

SKRASCH
DAAAM
BIST DU OKAY?!
ICH... BIN ER-LEDIGT...
GIB LIEBER...
... DEM... DA OBEN RÜCKENDE-CKUNG...
DEM DA OBEN?!

ICH GLAUB, MEIN SCHWEIN PFEIFT ...
WOOOM
KLACK
DAS WAR KNAPP!!
KAWOOOOOM

DREI!!
FSCHHH
SKRASCH
DODOMM
DIE KUGELN TREFFEN IMMER PRÄZISER...

DIE NÄCHSTE WIRD DEN GANZEN TURM ZERTRÜMMERN!
SCHWING DEINEN ARSCH DA RUNTER!!
ICH HAB'S GLEICH!
NUR NOCH EIN PAAR SEKUNDEN, SIR!
MEIN GANZES LEBEN LANG BIN ICH RASTLOS UMHERGESTREUNT, NIE WAR ICH SESSHAFT...
FÜR UNSERE TATEN...
... HAT SICH NOCH NIEMAND BEI UNS BEDANKT. WIE BELANGLOS WIR DOCH SIND...

DIES IST MEINE EINZI-GE CHANCE, IN DIESEM LEBEN NOCH GROSSES ZU ERREICHEN!!
NUR NOCH EINE KANONE!
WENN ES UNS GELINGT, DIE STADT ZU VERTEIDIGEN...
... WIRD DER NAME »BIG TEXAS BRO-THERS« IN DIE ANNALEN EINGEHEN UND MAN WIRD SICH ÜBERALL AN UNS ERINNERN.
BTB
DANN WERDEN WIR ZUR LEGENDE!!!

...
DA OBEN IST ER!!
MACHT DEN HECKEN-SCHÜTZEN KALT!!
GODOPP GODOPP
GODOPP GODOPP
SIE HABEN VERSTÄRKUNG GEHOLT!
NICHT MAL ICH KANN SO VIELE AUFHALTEN!
LAUF WEG!!
ES IST SO WEIT...
ZEIT, DEN PREIS ZU ZAHLEN!

DAMM
ZIRR
KRTT
KRTT
KRTT

ZIIING

GOOD NIGHT, DAS WAR'S!

KAWOOOM
YEAH!!
TREFFER, VER-SENKT!!!

WEG DA!!!
GOOD-NIGHT!!!
HEHE...
ENDLICH HAST DU DIR MEINEN NAMEN GEME...

GOOD NIGHT!!

MORIARTY
THE PATRIOT

#75 Das Tal der Angst, Akt 9
GOODNIGHT...

WIE SOLL ICH IHM NUR SAGEN...
... DASS SEIN BRUDER SEIN LEBEN GEOPFERT HAT?
MR BILLY!
WOHLAUF, WIE ICH SEHE!
WIE IST DER STAND DER DINGE?
OB ES MEINEM BRUDER AUCH GUT GEHT?
...
GOODNIGHT IST...

ER...
... HAT TAPFER GEKÄMPFT, UM DIE KANONEN UNSCHÄDLICH ZU MACHEN.
DABEI IST ER...
ICH VERSTEHE...
MEIN BRUDER HAT EIN VERDAMMT GUTES LEBEN GEHABT!
AM ENDE WURDE ER ZUM HELDEN!

...
SHAW...
ZUM TRAUERN IST ES NOCH ZU FRÜH.
WIR MÜSSEN ES LEBEND HIER RAUS-SCHAFFEN...
... UND DIE GESCHICHTE MEINES BRUDERS ERZÄHLEN, DAMIT SEIN NAME WEITER-LEBT!
ACH, SHAW...
DU HAST JA RECHT...
DER TOD MUSS NICHT ZWANGSLÄUFIG ETWAS TRAGI-SCHES SEIN...
ES GIBT AUFGABEN, DIE NUR DIE ÜBERLEBEN-DEN ERLEDIGEN KÖNNEN.
SIE MÜSSEN TUN, WAS DEN VER-STORBENEN NICHT VER-GÖNNT WAR.

LASS UNS DIESEN KAMPF GEWINNEN!
AUCH FÜR ALLE GEFALLENEN!
FUOOOOOOOH
ES IST NUN SCHON LANGE ZEIT STILL GEBLIE-BEN DA UNTEN.
WAS WOLLEN SIE TUN?
PFTT
...

DA PAMM

SKRASCH
TUT MIR LEID, MISTER.
DU HAST GESAGT, ICH SOLL NACH MÖGLICHKEIT NIEMANDEN TÖTEN...
ABER DARAN KANN ICH MICH NICHT HALTEN.

DAS SIND DOCH BILLY ...
... UND MCGINTY!!
DU SCHAUST DREIN, ALS HÄT-TEST DU EIN HÜHNCHEN MIT MIR ZU RUPFEN.

SAGT DIR »FORT SUMNER« NOCH ETWAS?
FORT SUMNER...
DIESES KAFF IN NEW MEXICO?
ACH JA...
ICH ERINNERE MICH.
ICH HATTE MAL GESCHÄFTLICH DORT ZU TUN.
UND DA WAR DIESER SHERIFF, DER MICH ANFLEHTE, DIE BEWOHNER IN FRIEDEN ZU LASSEN.

...
ICH GLAUBE, INSGEHEIM SEHNTE ER SICH DANACH, GEQUÄLT ZU WERDEN.
BEDAUER-LICHERWEISE IST DIE AN-WENDUNG VON GEWALT ABER NICHT SO MEIN STECKEN-PFERD...
ALSO LIESS ICH MEINEN MÄNNERN FREIE HAND MIT IHM.
DER MENSCHLICHE KÖRPER VER-LIERT SCHNELL SEINE FORM, WENN ER EINE TRACHT PRÜGEL KASSIERT.
DAS GESICHT VERFÄRBT SICH LILA UND SCHWILLT AN, FAST WIE EINE WEINTRAUBE...
UND AM ENDE KANN MAN NICHT MEHR UNTER-SCHEIDEN, OB DAS MAL EIN JUNGER MANN ODER EINE ALTE FRAU WAR.

ZUM SCHLUSS HAT ER DIE HAUPTSTRASSE SEINER ACH SO GELIEBTEN KLEINSTADT DEKORIERT.
DOCH NICHT MAL DIE BEWOHNER ERKANNTEN IHN WIEDER.
SEIN ENDE WAR ERBÄRMLICHER ALS DAS EINES RÄUDIGEN KÖTERS.
ARMSELIG.
WAHRLICH TÖRICHT EIGENTLICH, WENN MAN'S GENAU NIMMT.
TÖRICHT?
ER WAR ALLES ANDERE ALS DAS!
BALL
ER HATTE MEHR EHRE IN SICH ALS JEDER ANDERE!

STIRB, MCGINTY!!
VON DIR ROTZGÖRE LASS ICH MIR GAR NICHTS SAGEN!!
FLAPP

TUS'S NICHT, BILLY!
NICHT SCHIESSEN!
DEIN FREUND GARRETT...
... WÜRDE NICHT WOLLEN, DASS DU IHN SO RÄCHST...
BILLY!!
DAS IST...

ZOPP
TSCHACK
DAS IST FÜR GAR-RETT!!!
NICHT, BILLY!!

DAAAM
SKRASCH

KH...
HF...
DU... HAST MICH GE-SCHLAGEN...
NA LOS, TÖTE MICH!

KRTT
DDD

FSCHHH
ZPP
KLACK
DU UNTERLIEGST NICHT MEINEM PERSÖNLICHEN URTEIL...
ÜBER DICH RICH-TET ALLEIN DAS GE-SETZ!

...
ICH HOLE EINEN STRICK.
TAPP
WELCHER IDIOT WENDET SEINEM FEIND DEN RÜCKEN ZU?!
ZA
SCH
GESCHIEHT DIR RECHT!!!

ARGH...
TSCHACK
VER-DAMMT NOCH MAL!!!
DAMMM

KLANK
...
W...
WARUM?
WARUM TÖTEST DU MICH NICHT EINFACH?!
HAST DU NICHT NOCH EINE RECHNUNG MIT MIR OFFEN?!

ZUM TEUFEL, DAS WEISS ICH AUCH NICHT!!!
NICHTS WÜR-DE ICH LIEBER TUN...
... ALS DICH EIGENHÄN-DIG ZU ER-WÜRGEN!!
ICH FRAGE MICH SELBST...
... WARUM ICH NICHT EINFACH DEN ABZUG DRÜCKE!
ABER...

ABER...
EIGENTLICH BIN ICH NUR HERGEKOMMEN, UM DIR ZU VERGEBEN.
DAMIT ICH ENDLICH WIEDER NACH VORN BLICKEN KANN.
...
BEI DEINEM ANBLICK...
... KAM ICH KURZ INS WANKEN...

ABER ICH HAB DICH NICHT ERSCHOSSEN, STIMMT'S?
DAS HEISST, DASS MEIN WUNSCH, DIR ZU VERGEBEN, MEINE RACHEGEFÜHLE ÜBERWIEGT.
UND JETZT WEG MIT DIR, BEVOR ICH'S MIR ANDERS ÜBERLEGE!
STEH AUF!
SKRASCH

ENDLICH BEKOMMT MCGINTY, WAS ER VERDIENT!
LASST IHN VOM HÖCHSTEN GIEBEL BAUMELN!
WIR WER-DEN DIR...
... ALL DEN SCHMERZ HEIMZAH-LEN, DEN DU UNSEREN ERMORDETEN KAMERADEN ZUGEFÜGT HAST!
NICHT SO SCHNELL, LEUTE!
HIERBEI GING ES NIE UM RACHE...
WIR HABEN GEKÄMPFT, UM DIESE STADT ZU VERTEIDIGEN, ODER ETWA NICHT?!
ABER...
ER HAT RECHT!

WIR SIND NICHT WIE DIESE HUNDE.
BEI UNS GILT DAS GESETZ.
SCHON, ABER...
DEN SIEG KANN UNS NIEMAND NEHMEN!
STIMMT...
WIR HABEN GEWON-NEN...
WIR HABEN GEWONNEN!

WIR HABEN UNSERE STADT VERTEI-DIGT!!!
Juhu
uu!
HÖRST DU DAS, BRUDER?
GEMEINSAM HABEN WIR'S DIESEM MCGINTY GEZEIGT!
JUUUBEL
JUUUBEL
WIR HABEN AUCH VER-LETZTE!
BANDA-GEN UND MEDIZIN, SCHNELL!
...

WAR ES...
... DAS JETZT?
HAT SICH IRGENDETWAS VERÄNDERT?
NEIN.
ALLES IST WIE ZUVOR.
WAS VERLO-REN IST, KEHRT DADURCH AUCH NICHT ZURÜCK.
BILLY.

NA, FÜHLST DU DICH NUN ERLEICHTERT?
GLAUB MIR, WIE DU DICH AUCH ENTSCHIEDEN HÄTTEST, ES HÄTTE NICHTS GEÄNDERT.
MISTER...
DU HAST BESTIMMT GEHOFFT, WENN DU MIT MCGINTY ABSCHLIESST, KÖNNTEST DU AUCH MIT DEINER EIGENEN VERGANGENHEIT ABSCHLIESSEN.
ABER SO LÄUFT DER HASE NUN MAL NICHT.
WENN, DANN MUSS DIE VERÄNDERUNG IN DIR SELBST STATTFINDEN.
DU MUSST NICHT NUR MCGINTY VERGEBEN...

... SONDERN AUCH DIR SELBST!
...
MIR...
... SELBST?
EIN WINZIGES MISSVERSTÄND-NIS LIESS DICH DAS VERTRAUEN IN DEINE FREUNDSCHAFT MIT GARRETT VERLIEREN, WAS DAZU FÜHRTE, DASS DU IHN ER-SCHOSSEN HAST.
SO VIEL MAG RICHTIG SEIN.
ABER FÜR WAS FÜR EINEN KERL HÄLTST DU GAR-RETT DENN?
FÜR EINEN BORNIERTEN DICKKOPF, DER DIR NIEMALS VERZEIHEN WÜRDE?

ICH KENNE IHN NUR AUS DEINEN ERZÄHLUNGEN...
... ABER IM GRUNDE IST DIE SACHE GANZ SIMPEL...
ALLEIN DIE TATSACHE, DASS ER GESTORBEN IST, BEVOR ER DIR SAGEN KONNTE, DASS ER DIR VERGIBT, MACHT ALLES NUR UNNÖTIG KOMPLIZIERT.
ALSO SEI DU SELBST DERJENIGE, DER DIR AN SEINER STELLE VERGIBT.
DAS SCHULDEST DU DIR SELBST, UM WIEDER NACH VORN BLICKEN ZU KÖNNEN.

GARRETT HAT DICH BESCHÜTZT UND JEDEN IN EURER HEIMAT-STADT.
UND HEUTE WURDE MCGIN-TY ABGEFÜHRT.
DAS IST DOCH FAST SCHON ALLES, WAS ER SICH GEWÜNSCHT HAT.
JETZT MUSST NUR NOCH DU MIT DER VERGANGENHEIT ABSCHLIESSEN...
... DANN WIRD AUCH ER ENDLICH IN FRIEDEN RUHEN KÖNNEN.
EINE STARKE FREUNDSCHAFT KANN NICHTS ENTZWEIEN. REIN GAR NICHTS!
SO SEHE ICH DAS JEDEN-FALLS.

BILLY.
HIER, IN UNSERER LINKEN BRUST, DA POCHT DERSELBE TRAUM.
VERGISS DAS NIE!
...
GARRETT...
IST DAS IN ORDNUNG?
DASS ICH MIR AN DEINER STELLE...
... SELBST VERZEIHE?

WAS GLAUBST DU DENN?!
WIR SIND DOCH FREUNDE...
HUT AB, SHERLY!
ACH!
NICHT DER REDE WERT.

DIE SCOWRERS WURDEN AUCH ALLE FESTGENOMMEN...
UND ALLE VERWUNDETEN, OB FREUND ODER FEIND, WERDEN ÄRZTLICH VERSORGT.
GUT.
EHRLICH GESAGT HÄTTE DAS ERGEBNIS OHNE DEIN AUFTAUCHEN ANDERS AUSGESEHEN.
DZCK
DU HAST UNS DEN ARSCH GERETTET.
ZUM GLÜCK KAM ICH NOCH RECHTZEITIG.
ICH MÖCHTE...
... DASS DU MIR KURZ ZUHÖRST...

SEIT DEM TAG, ALS ICH DIE AUGEN AUFGETAN HABE...
... SUCHTE ICH NACH EINEM WEG, WIE ICH AUF MEINE ART SÜHNE TUN KANN FÜR MEINE TATEN.
DOCH WIE SEHR ICH AUCH GRÜBELTE, DER RICHTIGE WEG WOLLTE SICH MIR EINFACH NICHT ER-SCHLIESSEN.
DIE HOFF-NUNG IN MICH SELBST HATTE ICH LÄNGST AUFGEGEBEN.

DOCH IR-
GENDWO…
… INMITTEN DIESER DUNKLEN TAGE, HATTE ICH EINE OFFENBA-RUNG…
EINE FLAMME FLACKERT, SIE ZÜNGELT UND IHRE GESTALT WANDELT SICH STETIG…
UND DENNOCH HÖRT SIE NIEMALS AUF, EINE FLAMME ZU SEIN.

MIR WURDE BEWUSST, DASS GENAU DIESER STÄNDIGE WANDEL DIE ESSENZ EINER FLAMME AUS-MACHT.
ES IST IN ORDNUNG, SICH VER-LOREN ZU FÜHLEN ODER BEUNRUHIGT ZU SEIN...
DENN GERADE DIE-SES SCHWAN-KEN MACHT DOCH EINEN BEDEUTENDEN TEIL UNSERES LEBENS AUS.
ES GIBT KEINEN FAL-SCHEN ODER RICHTIGEN WEG, BUSSE ZU TUN.
WAHRSCHEINLICH FÜHRT DIE SUCHE DANACH NIEMALS ZU EINEM ER-GEBNIS.

JEDOCH DARF DAS KEIN GRUND DAFÜR SEIN, DASS MAN SICH GAR NICHT ERST AUF DIE SUCHE BEGIBT.
AUCH WENN ES KEINE RICHTIGE ANTWORT GIBT, SO WILL ICH DENNOCH WEI- TERSUCHEN.
AUF MEINEM WEG ...
... WERDEN MIR BESTIMMT FEHLER UNTER- LAUFEN. DAHER MÖCHTE ICH DICH BITTEN ...
... DASS DU MIR HILFST, SIE ZU KOR- RIGIEREN.
HILF MIR, DIE FLAMME IN MEINEM HERZEN AM FLACKERN ZU HALTEN!
UND ...

ICH MÖCHTE, DASS WIR GEMEINSAM LEBEN...
... UND UN-SERE SORGEN MITEINANDER TEILEN.

KLAR.
VER-LASS DICH DRAUF!
SELBST MEIN EIGENER WEG DER BUSSE IST ALLES ANDERE ALS GEWISS.
SO WIE EIN LEUCHT-TURM SCHIFFEN IM NEBEL DEN RECHTEN WEG WEIST...
... SO MÖCHTE ICH, DASS AUCH DU MICH AUF DEN RICHTIGEN KURS ZURÜCKBRINGST, SOLLTE ICH EIN-MAL VOM WEG ABKOMMEN.

LIAM.
AUCH ICH MÖCHTE DICH IN MEINEM LEBEN HABEN.

IN ORDNUNG.
WENN ICH DIR GUT GENUG BIN.
OKAY, IHR ZWEI!
WAR'S DAS JETZT MIT DEN HOCHZEITS-SCHWÜREN?
UGH...
LOS JETZT!
ES GIBT NOCH EINIGES ZU ERLEDIGEN IN DIESER STADT!

DANN MAL LOS!
EINMAL AN-PACKEN NOCH, DANN GEHT'S ZURÜCK NACH NEW YORK!
WÄRE SCHÖN, WENN DU AUCH MIT-HILFST, WILLY!
GERNE!
WELCOME TO VERMISSA

HERE LIES
THOSE HONORABLE MEN
WHO STOOD UP AND GAVE THEIR LIVES
FIGHTING FOR WHAT'S IMPORTANT,
THE MAGNIFICENTS.
HERE LIES
THOSE HONORABLE MEN
WHO STOOD UP AND GAVE THEIR LIVES
FIGHTING FOR WHAT'S IMPORTANT,*
THE MAGNIFICENTS.
BIRDY EDWARDS A.K.A. GO
GOODNIGHT LOWE
* HIER LIEGEN DIE EHRENWERTEN MÄNNER, DIE AUFGESTANDEN SIND UND IM KAMPF FÜR DAS, WAS WICHTIG IST, IHR LEBEN LIESSEN, DIE GROSSARTIGEN.

Moriarty the Patriot

#76 Die Rückkehr von William und Sherlock. Und dann…

MORIARTY
THE PATRIOT

UNIVERSAL EXPORTS
SO VIEL ALSO…
… ZU UNSERER ZEIT IN DEN VER-EINIGTEN STAATEN UND ZU LIAMS GESCHICHTE.
UGH…
ACH…
ER WAR EINFACH UN-VERBESSER-LICH!
WARUM HAT ER NICHT IRGENDJEMAN-DEN UM HILFE GEBETEN?!
WARUM…

WARUM MUSSTEST DU STER-BEN?!
GOOD-NIGHT!!!
ER HAT SICH IM ALLEINGANG PARROTT-GESCHÜTZEN ENTGEGENGE-STELLT!!
UWAAAAAH
ER HATTE MEHR SCHNEID ALS ALLE SOLDA-TEN, DIE MIR AUF DEM SCHLACHT-FELD BEGEGNET SIND!!

MIST!
WÄRE ICH DOCH NUR DABEI GEWESEN, DANN HÄTTE ICH IHM GEHOLFEN, DIE KANONEN ZU VERNICHTEN!
MEINE HERREN! MIR SCHEINT, SIE HABEN ALLE ETWAS ZU TIEF INS GLAS GE-SCHAUT...
ANDERS IST DAS JA AUCH NICHT ZU ERTRAGEN.
STOSSEN WIR AUF DIE GEFALLENEN KÄMPFER AN!
IHRE GE-SCHICHTE WEITERZU-TRAGEN IST AUCH EINE FORM DER TRAUER.
WIR MÜSSEN SICHERSTEL-LEN, DASS SIE DER NACHWELT ERHALTEN BLEIBT.
SCHNÜFF
DAS SEHE ICH GANZ GENAUSO!
WARUM SCHREIBEN SIE NICHT EINEN ROMAN DARÜBER, JOHN?

...
ABER JA!
DAS KÖNNTE ICH!
DAS REICHT JETZT, BOND!
SONST NIMMT DAS HIER JA GAR KEIN ENDE MEHR.
SIND SIE SICHER, JOHN?
AUFGRUND VON SHERLOCKS VERSCHWINDEN HABEN SIE JA DIE SHERLOCK-SERIE PAUSIERT.
DIE FANS VON CONAN DOYLE WERDEN DARÜBER BESTIMMT NICHT ERFREUT SEIN.
ICH WECHSLE EINFACH MEINEN KÜNSTLERNAMEN!
DAVON ABGESEHEN...
SHERLOCK.

DAFÜR DASS SIE AN WILLIAMS SEITE GEBLIEBEN SIND, BIS ER WIEDER AUF EIGENEN BEINEN STEHEN KONNTE...
... BIN ICH IHNEN UNENDLICH DANKBAR!
ICH HABE NICHTS GETAN, WOFÜR MAN MIR DANKEN MÜSSTE.
LIAM HAT ES AUS EIGENER KRAFT WIEDER GESCHAFFT.

NACH DEM VORFALL IN VERMISSA...
... HABEN WIR ZU ZWEIT NOCH EIN PAAR AUFTRÄGE UNTER AMERIKANISCHER AUFSICHT ERLEDIGT.
ZU DRITT!
ICH WAR AUCH DABEI!
VOR EINEM HALBEN JAHR MACHTEN WIR UNS AN DIE ARBEIT, EIN INTERNATIONALES KRIMINELLES NETZWERK ZU UNTERSUCHEN.
WÄHREND LIAM IN NEW YORK BLIEB...
... REISTE ICH ÜBER ASIEN NACH EUROPA UND ERMITTELTE IM GEHEIMEN.

ES TUT MIR AUFRICHTIG LEID, DASS WIR IHNEN SO LANGE VORENTHALTEN HABEN, DASS WIR NOCH AM LEBEN SIND.
MACH DIR DARÜBER KEINE SOR-GEN MEHR, SHERLY.
NUR BEI JOHN HABE ICH MICH SCHON EHER GEMELDET, AUCH WENN ICH WEISS, DASS DAS DEM REST GEGENÜBER NICHT FAIR WAR...
WEIL ICH IHM DAMALS MIT MILVERTON SO UNGLAUBLICH VIELE UMSTÄNDE BEREI-TET HATTE.
SIE HABEN IHM GESCHRIE-BEN? WIE?
NACHDEM BILLY SIE GE-RETTET HATTE, HAT DIE PINKER-TON-AGENTUR SIE EINGESTELLT.
WAR IHNEN UNTER AUFSICHT DER US-REGIERUNG NICHT JEGLICHE KOMMUNIKATION UNTERSAGT?

WER REDET DENN VON »KOMMUNIKATION«?
ICH HABE NUR MEINEN LIEBLINGSAUTOR IN ENGLAND MIT SELBSTBEZOGENER FANPOST ÜBERHÄUFT.
JA, STIMMT!
ICH WAR WIRKLICH PERPLEX!
ICH GING DAMALS NICHTS AHNEND MEINE FANBRIEFE DURCH, ALS...
»ICH BIN EIN GROSSER FAN VON IHNEN AUS AMERIKA.
IN IHREN WERKEN GIBT ES UNZÄHLIGE SZENEN, DIE MIR WIRKLICH GEFALLEN.
DOCH UNTER IHNEN ZÄHLT JENE, IN DER HOLMES UND WATSON AUF DEM DACH SANDWICHES ESSEN...
... KURZ BEVOR SIE IN MILVERTONS ANWESEN EINBRECHEN...
HM?

… UND SICH ÜBER IHRE ANSICHTEN ZUR EHE UNTERHALTEN, ZU MEINEN ABSOLUTEN FAVORITEN.«
KANN DAS DENN SEIN?!
KH…
KLATAMM
SO WAR DAS…
IN DEN BRIEFEN WURDEN ECHTE ERINNERUNGEN VON UNS BEIDEN ERWÄHNT, DIE SO NICHT IN MEINEN BÜCHERN GESCHRIEBEN STANDEN!!
HAHA!
SCHÖN, DASS SIE SIE ERREICHT HABEN.
VERSTEHE!
SELBST WENN JEMAND IHRE POST DURCHLEUCHTET HÄTTE, WÄRE DOCH NIEMAND DAHINTERGEKOMMEN.
GENAU.
UND ALS ICH DANN MRS HUDSON EINWEIHTE…
… FIEL SIE VOR SCHRECK FAST IN OHNMACHT.

VERSTÄNDLICHERWEISE!
ES WAR KURZ NACH DER BEERDIGUNG...
... ALS ICH GERADE ZÖGERLICH DEN GEDANKEN ZULASSEN KONNTE, DASS SHERLOCK GESTORBEN WAR!
AUSSERDEM...
... WAR ES AUCH GAR NICHT SO LEICHT, ZU WISSEN, DASS SHERLOCK NOCH AM LEBEN WAR.
MYCROFT LITT FÜRCHTERLICH UNTER DEM VERLUST SEINES BRUDERS...
ABER ICH DURFTE IHM NICHTS SAGEN, DA ICH MIR SICHER WAR, DASS IHRE GEHEIMNISKRÄMEREI EINEN GRUND HATTE.
SIE HABEN SICH SORGEN UM MICH GEMACHT, MRS HUDSON...

DABEI KAM ICH DOCH BESTENS ZURECHT.
WAS?!
NUN VERDREHEN SIE MAL NICHT DIE TATSACHEN!
JEDEN TAG HABEN SIE VERLOREN DREINGESCHAUT!
ICH BITTE SIE!
...
HÖR MAL, WILLIAM...
ICH KANN VERSTEHEN, DASS DU DICH UNTER DIESEN UMSTÄNDEN NICHT BEI LOUIS UND DEN ANDEREN GEMELDET HAST. ES WAR DIR JA UNTERSAGT...
ABER...

WARUM ZUR HÖLLE HAST DU MICH EINFACH VERSAUERN LASSEN?!
DU HÄTTEST MICH AUCH MIT INS BOOT HOLEN KÖNNEN!!!
ICH DACH-TE, ICH WÄRE DEIN RECHTER ARM?!
KNARZ
SSST
ES IST NICHT SO, DASS DU MIR EGAL GE-WESEN WÄRST, MORAN.

TATSÄCHLICH HABE ICH SOGAR NACH DIR GESUCHT.
DU HAST DICH EINFACH NUR ZU GUT VERSTECKT.
...
OH, NA DANN! WENN DAS SO WAR...
ICH KAM DIR ERST AUF DIE SCHLICHE, ALS AUCH DER MI6 WIND VON DIR BEKOMMEN HAT.
!
DAMALS, ALS DU IM LANGHAM-HOTEL AUF ADAIR GESCHOSSEN HAST...
... WEIL ER ENGLISCHE BAUPLÄNE FÜR EINEN NEUEN UNTERSEEBOOTSTYP INS AUSLAND VERKAUFEN WOLLTE.

ZU DIESEM ZEITPUNKT WURDE NÄMLICH AUCH ERSTMALS DER US-AMERIKANISCHE GEHEIMDIENST ÜBER DICH INFORMIERT, MORAN.
AUCH DIE AMERIKANER WOLLTEN BALMORAL FESTSETZEN, WEIL ER INFORMATIONEN ÜBER DIESES INTERNATIONALE NETZWERK VON KRIMINELLEN BESASS.
DA ICH DAMALS IN EINEN ANDEREN FALL VERWICKELT WAR, KONNTE ICH NICHT SOFORT SELBST DAS HEFT DES HANDELNS ERGREIFEN.
ALS SHERLY PASSENDERWEISE GERADE IN MONTPELLIER WAR, LIESS ICH IHM PER TELEGRAMM AUSRICHTEN, DASS ER SICH SCHON VOR MIR NACH LONDON BEGEBEN SOLLE.
UND DA AUCH BILLY GESCHÄFTLICH IN LONDON ZU TUN HATTE...
... GAB ICH IHM EINEN BRIEF FÜR MORAN MIT, DEN ER AM PARISER NORDBAHNHOF SHERLY ÜBERREICHTE.

ALS MEINE ARBEIT ERLEDIGT WAR, HABE ICH MICH UMGEHEND VON NEW YORK AUS AUF DEN WEG GEMACHT…
DA SICH SHERLY UM MORAN KÜMMERTE, BIN ICH ZUERST ZU BRUDER ALBERT GEGANGEN UND DEN REST KENNT IHR JA.
ABER…
WAR ES DENN KLUG, UNS SO OFFEN ZU KONTAKTIEREN, WILLIAM?
UND MR HOLMES HAT SICH SOGAR IN ALLER ÖFFENTLICHKEIT GEZEIGT!
DIESEN PART WERDE ICH EUCH ERKLÄREN…
DARF ICH?
BRUDER HAAR-LOCKE?
NUR ZU!

NUN, HEUTE VOR DIESEM DINNER FAND EINE AMERIKANISCH-ENGLISCHE KONFERENZ STATT, AUF DER ZWISCHEN DEN VEREINIGTEN STAATEN VON AMERIKA UND DER ENGLISCHEN REGIERUNG EIN PROGRAMM ZUM GEGEN-SEITIGEN INFORMATIONSAB-TAUSCH BESCHLOSSEN WURDE...
... UM KÜNFTIG SCHNELLER AUF INTERNATIONALE VERBRECHEN REAGIEREN ZU KÖNNEN, WIE BEI-SPIELSWEISE IM FALLE VON BALMORAL.
ALSO!
IM ZUGE DESSEN WER-DEN SHERLOCK, ICH UND WILLIAM...
... VON DER PINKERTON-AGENTUR ZUM MI6 WECHSELN!

NUN VERSTEHE ICH AUCH, WARUM IHR UNS AUSGERECHNET JETZT EINGEWEIHT HABT, DASS IHR NOCH AM LEBEN SEID.
IHR ERMITTELT KÜNFTIG ALSO WIEDER...
... IN LONDON?
KATAMM
HEISST DAS, DASS WIR WIEDER ZUSAMMENARBEITEN?!
JA, SIEHT GANZ SO AUS.
DAS IST JA GROSSARTIG, SHERLOCK!!
DANN KANN ICH JA AUCH ENDLICH WEITERSCHREIBEN!!
DRÜCK
Aua!
ALSO BITTE...
IST DAS NICHT SCHÖN, LOUIS?
VON NUN AN SIND WIR WIEDER ALLE VEREINT!

NUN, ES IST SCHON SPÄT...
WIR SOLLTEN LANGSAM...
NIIICHT SO SCHNELL!
DAS BANKETT IST JA WOHL NOCH NICHT VORBEI, ODER?
ODER, MR ALBERT?
HERDER HAT RECHT.
MEINE VEREHRTEN ANWESENDEN, VERGESSEN SIE NICHT ETWAS?
KLANK
WAS MEINST DU?
WAS KÖNN-TEN WIR VERGESSEN HABEN?

WIR HATTEN NOCH KEINEN NACHTISCH, ODER IRRE ICH MICH?
IHR MÜSST WISSEN, ICH HABE MEINE SPEZIALITÄT VOR- BEREITET.
WIRKLICH?
OH GOTT! DAS HATTE ICH TATSÄCHLICH VERDRÄNGT.
WARTE, ALBERT!
DEINE KOCH- KÜNSTE SIND ABARTIG, ZEIG SIE UNS DOCH BITTE EIN ANDERMAL!
A...ABARTIG?
DU MEINST WOHL ABARTIG GUT, ODER? UND DASS SICH ALLE SO NACH MEINEM NACHTISCH GESEHNT HABEN, DASS SIE SICH VOR WOHLGESCHMACK WINDEN WERDEN UND LETZTLICH DIE GEFAHR BESTÜNDE, DASS EINIGE DAS BEWUSSTSEIN VERLIEREN, UND WIR DESHALB EINEN ANDEREN TAG WÄHLEN SOLLTEN?
HABE ICH DAS RICHTIG VERSTANDEN, OBERST?
WAS FASELT ER DA?!

SEI EIN BRAVER JUNGE UND WARTE WIE DIE ANDEREN AUCH!
BATAMM
AH, HEY!
AL HAT NACHTISCH GEMACHT!
ICH FRAGE MICH, WAS ER GEZAUBERT HAT.
OH, BESTIMMT MACARONS... ODER EINE GANZ BEZAUBERNDE TARTE!
WIE KÖNNEN DIE NUR ALLE SO RUHIG BLEIBEN? WENN DIE WÜSSTEN, DASS ALBERTS SINN FÜR ALLES DEN HAUSHALT BETREFFENDE GAR NICHT EXISTIERT...
SO EINE BÖSE VORAHNUNG HATTE ICH NOCH NIE!
KNAAARZ
DANKE FÜRS WARTEN!
KLAPPER

ICH PRÄSENTIERE DIE SPEZIALITÄT DES HEUTIGEN ABENDS...
?!
ÄH... WAS?
WOW! DAS SIEHT JA KÖSTLICH AUS, AL!
SELTSAM... DAS WIRKT RECHT GEWÖHNLICH...
ABER MIR MACHST DU NICHTS VOR!
DU KANNST NICHT KOCHEN, ALBERT! IR-GENDWAS IST DA FAUL...
HERDER!
WÄREN SIE SO NETT?
WUSSTE ICH'S DOCH!
...
EIN... GAS-SCHLAUCH?

NUN, WILL HAT PASSENDERWEISE EINE FLAMME ERWÄHNT, DIE IHM DEN ANSTOSS GEGEBEN HAT, NACH VORN ZU BLICKEN...
UND AUCH DIESER NACHTISCH STEHT UND FÄLLT MIT EINER FLAMME.
VENTIL IST OFFEN!
SQUIEK
ZUWOOOOOO
WAS ZUM...?!!
NUN, DANN WOLLEN WIR ES MAL VOLLENDEN!
NICHT, DU HOHLKOPF!!
NOCH SIEHT ES GANZ PASSABEL AUS, ABER JETZT...
ZUWOOOOOO

DSCHHHHH
DU WIRST ES NOCH RUINIEREN!!!
DIE OBER-FLÄCHE BLUBBERT JA SCHON...
ER HAT'S VERSAUT!!
ZUWOOO
FERTIG.
KOSTE MAL, OBERST!
...
TMPD
...
WAS IST DAS FÜR EIN DUFT, DER SICH EINEN WEG ÜBER MEINE NASENHÖHLEN BIS IN MEIN GEHIRN BAHNT?

MOMENT MAL...
SO GUT DAS AUCH DUFTET, ES IST IMMER NOCH ALBERTS WERK...
DAS KANN GAR NICHT SCHMECKEN!
UND DOCH... VERSPÜRE ICH EIN POCHEN IN MEINER BRUST, DEM ICH MICH NUR SCHWER ENTZIEHEN KANN...
EIN FAULER SONNTAG-MORGEN...
GEHÜLLT IN FEINSTE LEINENTÜ-CHER...
WAS IST DAS?

ES IST DIESE ART...
... VON MÜSSIGER SÜSSE...
ABER WO BIN ICH?
NICHT IN LONDON...
AM STRAND EINER ENT-LEGENEN INSEL...
... GENIES-SE ICH IM HOCHSOMMER DAS SPIEL DER WELLEN...

EIN SANFTES GEFÜHL DER FRISCHE, WIE SANDKÖRNER...
... DIE NACH EINEM LEICHTEN SONNENBAD AUF DER HAUT ZU-RÜCKBLEIBEN...
BWAH?!
WAS WAR DAS GERADE FÜR EINE VISION?!
DIE SÜSSE DIE-SES NACHTISCHS HARMONIERT AUF UNVERGLEICHLICHE WEISE MIT DER BITTEREN NOTE DES VERBRANNTEN ZUCKERS...
DES-WEGEN DIE FLAMME?
ABER DAS ERKLÄRT NOCH LANGE NICHT DIESEN ERQUICKEN-DEN DUFT!
A... ALBERT...
WAS ZUM HENKER... HAST DU MIT DIESEM NACHTISCH AN-GESTELLT?
NICHTS BESONDE-RES.
ABER WENN DU'S GENAU WISSEN WILLST...

DIE EIER WURDEN HEUTE MORGEN FRISCH GELEGT.
DIE MILCH IST FRISCH VON EINEM HOF IN LONDON.
UND DER ZUCKER ZUM KARAMELLISIEREN STAMMT AUS INDIEN.
ICH HABE NUR DIE FEINSTEN ZUTATEN VERWENDET.
VERSTEHE…
KEIN WUNDER, DASS MICH GERADE DAS GEFÜHL ERGRIFFEN HAT, ALS LÄGE ICH AN EINEM FAULEN SONNTAGMORGEN IN EDLE LEINENTÜCHER GEHÜLLT…
DU AUCH, PATERSON?!
MOMENT MAL! DAS ERKLÄRT NOCH NICHT DIESEN EDLEN GESCHMACK…
… UND DIESES ERGREIFENDE GEFÜHL!
DA IST NICHT NUR SÜSSE, SONDERN AUCH EINE GEWISSE SÄURE!
DA MUSS IRGENDEINE ZITRUSFRUCHT DRIN SEIN…
HAB ICH RECHT?!
DU ERSTAUNST MICH, OBERST.
DEINEM GAUMEN SCHEINT NICHTS ZU ENTGEHEN.

WIE DU VERMUTET HAST...
... HABE ICH DEM NACHTISCH EINEN HAUCH VON CURAÇAO HINZUGEFÜGT, EIN ORAN-GENLIKÖR.
DA WILL AUS AMERIKA ZU UNS HEIMGEKEHRT IST, HABE ICH EXTRA EINEN LIKÖR BESCHAFFT, DER AUS AMERIKANISCHEN ORANGEN HERGE-STELLT WURDE.
?!
ORANGEN!!
ABER JA... HINTER DEN KULISSEN HAT ALSO DIE EDLE REPRÄSENTANTIN DER SOMMERFRÜCH-TE GANZE ARBEIT GELEISTET!
STIMMT... DER SUBTILE DUFT UND DIE SÄURE DES CURAÇAO BALANCIEREN DIE SÜSSE DER REICHHALTIGEN CREMESPEI-SE AUS UND HINTERLASSEN EINEN ER-FRISCHENDEN NACHGE-SCHMACK.
WIE KOMPLEX!
DIESE VISION GERADE... ER HAT SIE EIGENS KOMPONIERT!
SOSEHR ES MICH REUT, DAS ZUZUGE-BEN, ABER ES SCHMECKT SO GUT!
EINFACH HIMMLISCH!!

DAS ALSO IST ALBERTS...
... SPEZIALITÄT!!!
NICHTS GEHT ÜBER BRUDER ALBERT CRÈME BRÛLÉE.
DAS IST SCHON SEIT JEHER MEINE ABSOLUTE LEIBSPEISE.
Passt auch perfekt zu Schwarztee!
»SEIT JEHER«?
HABE ICH DIR DAS NOCH NIE SERVIERT, OBERST?

JACK HAT MIR DAMALS BEI GRAF ROCKWELL BEIGEBRACHT, WIE MAN DIESE NACH-SPEISE ZUBEREITET, SEITDEM IST SIE MEINE ABSOLUTE SPEZIALITÄT.
IM ERNST?!
ES GIBT ALSO TAT-SÄCHLICH AUCH ADELIGE, DIE SICH HINTER DEN HERD STELLEN...
VER-DAMMT NOCH MAL!
HER MIT DEM NACH-SCHLAG, ALBERT!!
ES IST FÜRCHTERLICH SPÄT GEWOR-DEN, ODER NICHT?
WIR HABEN UNS KÖSTLICH AMÜSIERT...
UND WIR KÖNNEN WIRKLICH NICHT BEIM AUFRÄU-MEN HELFEN?

NICHT DOCH. WIR WISSEN ES ÜBERAUS ZU SCHÄTZEN, DASS SIE UNSERER KURZFRISTIGEN EINLADUNG FÜR HEUTE ABEND NACHGEKOMMEN SIND. DANKE FÜR DEN SCHÖNEN ABEND!
WIR HABEN ZU DANKEN!
KOMMEN SIE DOCH GERNE MAL IN DER 221B AUF EINE TASSE TEE VORBEI!

WIR REDEN DANN NÄCHS-TES MAL, WIE ES AB JETZT WEITERGEHT.
SHERLY.
IST GUT!

VERDAMMT!
SCHON WIEDER VERLOREN!
KRAAACH
UGH...
WANN GEWINNE ICH DENN MAL GEGEN DICH, VERFLIXT UND ZUGENÄHT?!
NUN...
ES WAR JA NICHT MEINE LETZTE CHANCE.
ZIEH DICH WARM AN, WILLIAM!
BIS ICH NICHT AUCH MAL GEWONNEN HABE, WIRST DU MICH NICHT MEHR LOS!

WIR HABEN GANZ SCHÖN VIEL EINGE-KAUFT, WAS?
BISHER HABE ICH MICH IMMER RAUS-GEREDET, WEIL ICH NICHT VIELE GELEGENHEITEN HATTE, SELBST ZU BEZAHLEN ...
... ABER SO EIN EINKAUF GEHT TAT-SÄCHLICH INS GELD.
WIE LANGE IST ES HER, DASS WIR ZUSAMMEN SO DURCH DIE STRAS-SEN GESCHLEN-DERT SIND?
QUEENS
WIR SIND SEIT HEUTE FRÜH UNTERWEGS; DU HAST BESTIMMT HUNGER.
LASS UNS DORT EINEN IMBISS KAU-FEN.

QUE
BAK
TUT MIR LEID, WILL!
SIE HATTEN NUR NOCH EINEN SCONE ÜBRIG.

HÄLFTE-HÄLFTE, SO WIE FRÜHER?

UNIVERSAL EXPORTS
GUTEN MORGEN, BRUDER WILLIAM.
SO FRÜH SCHON AUF DEN BEI-NEN?
TEE HAST DU AUCH SCHON GEKOCHT.
DANKE DAFÜR.

SCHMECKT LECKER.
ÜBERAUS.
IRGENDWELCHE INTERESSANTEN VORFÄLLE?
NEIN, NICHTS.
KEINE SPUR VON ADELIGEN, DIE DAS GEMEINE VOLK TYRANNI-SIEREN.

AUCH HEUTE IST DIE STADT WIEDER FRIED-LICH...
... BRUDER WILLIAM.

TATSACHE?
DAS FREUT MICH ZU HÖREN.

Fortsetzung folgt

MORIARTY THE PATRIOT

MORIARTY THE PATRIOT

19

Basiert auf den Werken von Sir Arthur Conan Doyle

Story von Ryosuke Takeuchi

Zeichnungen von Hikaru Miyoshi

ASSISTENTEN

A3, Matsuoka Okada

Manabu Kamihisa, Ten Satooka, Tatsuya Suzuki

Yamaguchi

BERATUNG ENGLISCHE LITERATUR

Guillaume Hennequin

REDAKTION DER BUCHAUSGABE

Yuina Kato (Shou kikaku)

LEITENDER REDAKTEUR

Takuma Yui

... STEHT FEST!!
MORIARTY THE PATRIOT
RYOSUKE TAKEUCHI & HIKARU MIYOSHI,
LIGHT-NOVEL: YOSUKE SAITA
MIT ZAHLREICHEN UNVERÖFFENTLICHTEN GESCHICHTEN AUS DER HAUPTHANDLUNG!!
憂国のモリアーティ
#1
»Eine Studie in Scharlachrot«
憂国のモリアーティ
#2
»Verbotenes Spiel«
憂国のモリアーティ
#3
»Ein Mädchen sieht einen Regenbogen«

DIE VERÖFFENTLICHUNG DER MANGA-ADAPTION...

WILLIAM UND SEINE BRÜDER KEHREN SEIT DREI JAHREN ERSTMALS ZUM ANWESEN DER MORIARTYS IN DURHAM ZURÜCK, DAS ÜBER DIE JAHRE ARG VERKOMMEN IST. BEIM SCHLENDERN DURCH DIE VERTRAUTEN GEMÄUER FINDET LOUIS DAS GEHEIME TAGEBUCH, DAS ER DAMALS GEFÜHRT HAT. VIELE DER VOR DREI JAHREN ZURÜCKGELASSENEN FÄLLE WURDEN NOCH NICHT ERZÄHLT, DOCH DAS WIRD SICH JETZT ÄNDERN!

MORIARTY THE PATRIOT

THE REMAINS

STORY: YOSUKE SAITA
MANGA: HIKARU MIYOSHI

NACH VERÖFFENTLICHUNG DER MANGA-ADAPTION

GEHT ES WEITER MIT *MORIARTY THE PATRIOT!*

BASIERT AUF DEN WERKEN VON SIR ARTHUR CONAN DOYLE

MANGA: HIKARU

MORIARTY
THE PATRIOT

HALT!

MORIARTY - THE PATRIOT
ist ein japanischer Comic. In Japan liest man von »hinten« nach »vorn« und von rechts oben nach links unten.
Man muss diesen Manga also »hinten« aufschlagen und Seite für Seite nach »vorn« weiterblättern. Auch die Bilder auf jeder Seite und die Sprechblasen innerhalb der Bilder werden von rechts oben nach links unten gelesen.

Spannende Lektüre mit dem Meister aller Fieslinge!

CARLSEN MANGA
Deutsche Ausgabe/German Edition • 2024 Carlsen Verlag, Völkersstraße 14-20, 22765 Hamburg •
Aus dem Japanischen von Gandalf Bartholomäus

• Redaktion: Anne Berling • Textbearbeitung: Steffen Haubner • Herstellung: Björn Liebchen

• ISBN: 978-3-551-77858-1